LE LIVRE DES ENFANTS SAGES.

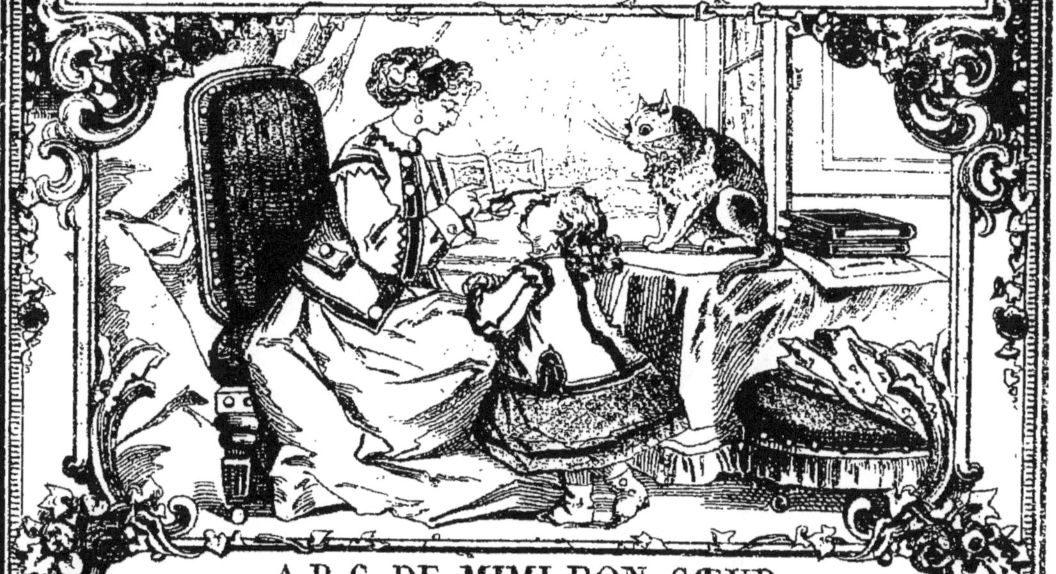

A B C DE MIMI BON CŒUR.

CH. PINOT édit. à Epinal. Déposé.

Je soussigné déclare avoir l'intention d'imprimer sans changements pour mon compte un ouvrage ayant pour titre :
Le livre des Enfants Sages, A B C de Mimi bon Coeur, lequel je me propose de tirer à 10.000 Exemplaires en un volume de format in-8° 16 pages d'impressions & gravures.
Épinal, le 26 mars 1873

A B C D E F
G H I J K L M
N O P Q R S
T U V X Y Z

LE CYGNE

Se promène sur l'étang

a b c d e f g h i
j k l m n o p q r
s t u v x y z

a e é è i o u y

ba da fa ra la
pa pe pi po pu

fa sa ac ab af ar al ib ur or on

LE
PETIT JEAN
PORTE SA SOEUR
SUR SON DOS
pour passer
LE RUISSEAU
LA PE TI TE RO SE
a bien peur
de tomber dans l'EAU
0 1 2 3 4 5 6 7 8 9

LE PETIT JULES

CARESSE LA CHÈVRE

AR ME CA VE
JO LI SO FA
LI MA LA ME
RA VE DE MI

é cu é té ar ca de

**PÈ RE   MÈ RE   MI SÈ RE
PA TE TÊ TE DO ME CO TE**

IL EST BIEN GEN TIL

CE BON GROS SUL TAN.

Bac Bir Bor

Pac Pil Pol

sac tac sur

CAL ME COR DE TAR TE

La Sou pe se ra bon ne

La Va che man ge du foin

Mimi était une bonne petite fille, aimée de tout le monde il n'était jusqu'au chat de la maison qui ne rentrât ses griffes pour elle.

Elle aimait mieux voir voler les oiseaux en liberté que de les entendre chanter captifs dans une cage. Les oiseaux des champs mêmes la connaissaient

C'est pourquoi le rossignol ne manquait jamais de la régaler de ses plus jolis airs, quand elle allait à la campagne.

Quand elle trouvait des hannetons avec un fil à la patte elle les en débarrassait, leur rendait la liberté; et ils s'envolaient en chantant : Merci, Mimi !

Les araignées seules lui en voulaient un peu, parce qu'elle leur enlevait les pauvres mouches qui tombaient dans leurs pièges.

Quoique les crapauds soient des animaux peu intéressants, elle ne souffrait pas qu'on leur fît mal. Elle demandait pardon pour eux.

Elle met une compresse à la patte du perroquet que son papa avait rapporté d'Amérique.

S'étant aperçue que Jacquot avait les yeux fatigués, elle lui confectionne un abat-jour pour lui préserver la vue.

Quand elle trouvait le chat couché sur son lit, elle se contentait de lui faire une douce réprimande.

Elle n'oubliait pas les pauvres, et leur donnait une partie de son déjeûner quand elle n'avait pas d'argent.

Elle ne cassait pas bras et jambes à ses poupées, comme beaucoup de petites filles, aussi lui en donnait-on de fort belles.

Elle donne, à un petit polisson, tout l'argent de ses menus-plaisirs pour sauver la vie à un petit chien qu'il allait noyer.

Elle rapporte le petit chien chez ses parents, qui lui permettent de l'élever.

Elle le grondait doucement, quand il avait mal fait, et ne le rudoyait jamais.

Mais voilà que le chien, qui était un terre-neuve, devient aussi grand que Mimi.

Bientôt il remplaça sa bonne pour l'accompagner, et portait son panier à l'école.

Et il l'attendait gentiment pour la ramener, sans imiter ces chiens mal élevés qui salissent les paillassons.

Son chien et son chat, grace à ses leçons, vivent dans la plus parfaite intelligence.

 Mimi tombe à l'eau, et son chien la sauve comme elle l'avait sauvé quand il était petit.

 Médor, bien fêté, reçut un beau collier que Mimi lui attacha de sa propre main.

pliance